AF346479

DU SYSTÈME GÉNÉRAL

DES FINANCES

Par M. L. D. D. L. V.

PARIS

DE L'IMPRIMERIE DE P. DIDOT L'AINÉ,

CHEVALIER DE L'ORDRE ROYAL DE SAINT-MICHEL,
IMPRIMEUR DU ROI.

1820.

DU SYSTÈME GÉNÉRAL

DES FINANCES.

La Charte, que la haute sagesse du Roi nous a tracée, établit le gouvernement de la raison sur la base de l'égalité constitutionnelle et l'abolition des priviléges : c'est ainsi qu'elle fonde l'empire de l'ordre.

Le système administratif de nos finances doit être une conséquence du système organique de la Charte.

Proportionnalité de l'impôt sur les grandes, moyennes, et petites portions de la propriété générale, qui est une depuis l'abolition des priviléges, prérogatives, et exemptions.

Économie dans l'assiette, la répartition, la perception de l'impôt, et dans la distribution et emploi des fonds publics.

Exactitude des paiements de toutes les dépenses décrétées par la loi, et particulièrement de la dette publique.

Indépendance de la caisse destinée à l'amortir.

Reddition annuelle et publicité des comptes, soit d'exercice, soit de gestion de tous les administrateurs.

L'exacte observation de ces maximes de la raison opéreroit le perfectionnement du système de nos finances. Nous sommes encore bien éloignés sans doute d'y atteindre, mais nous marchons dans la grande carrière dont il est le but et le terme.

Les premiers obstacles à l'établissement d'un ordre constant dans les finances ont été : — La complication des comptes antécédents qui enveloppoit d'un voile bien difficile à pénétrer les abus de tous les genres (1) ; — La confusion inévitable des dépenses arriérées et des dépenses courantes ; — L'accroissement subit des charges, nécessité par l'indispensable obligation de satisfaire à la prompte exigeance des

---

(1) Cette vicieuse complication étoit l'effet nécessaire du système du chef du gouvernement ; nous sommes bien éloignés de l'imputer aux Ministres, dont l'utile prévoyance a conservé au milieu de ce labyrinthe le fil précieux qui a efficacement contribué à en éclairer les sentiers.

sacrifices imposés au recouvrement de notre indépendance nationale.

Les comptes de 1814, 15, 16, 17, et 18, ont été discutés et définitivement réglés.

Le maximum des dépenses arriérées a été déterminé, ainsi que l'intérêt annuel qui lui a été assigné, et dont la conversion successive en capital opérera le remboursement, sans vraisemblablement donner lieu à de nouvelles charges.

Les intérêts des emprunts successifs ont été ajoutés à la somme de la dette publique, dont l'amortissement graduel résulte des opérations d'une caisse indépendante de celle du Gouvernement. — Une dotation annuelle de 40 millions, les rentes qu'elle acquiert successivement d'une manière plus ou moins avantageuse au taux de la place, l'agglomération progressive de leurs arrérages, l'affectation de la totalité des forêts lui sont assurées par une loi positive et devenue fondamentale en finances, car le fondement des finances est évidemment le crédit public, et le crédit public déja obtenu, à obtenir ultérieurement et à conserver dans son essentielle intégrité, repose sur l'exécution sans restriction, sans déviation, sans modification quelconque de cette loi, qui ne peut assurer qu'ainsi l'extinction totale de l'ancienne dette contractée par des anciens besoins, dont le terme se laisse déja apercevoir d'une manière certaine, et en même temps préparer de nouveaux gages à des besoins nouveaux, si les circonstances ultérieures en déterminoient la nécessité.

Par une affectation spéciale, la Banque a été chargée du paiement des intérêts, et de celui de la dotation de la caisse.

Les comptes de l'ancienne liste civile de Bonaparte et de l'ancienne caisse d'amortissement ont été liquidés et arrêtés. — L'état du domaine extraordinaire a été fixé. — La situation de l'actif et du passif du trésor a été déterminée ainsi que celle de la dette flottante qui en est le résultat.

Tous les voiles qui couvroient différentes parties des finances ont été dissipés, et tout l'ensemble du système financier est découvert à tous les yeux.

Les Ministres ayant chacun présenté le compte de 1818 des dépenses de leurs départements, dans le plus grand détail, et article par article, ce compte pourra être pris pour un point fixe de comparaison avec celui de

1819, qu'ils doivent présenter à l'ouverture de la session de 1820.

(1) Ce compte pourra être accompagné, 1° d'un rapport comparatif et motivé avec celui de 1818; — 2° D'un rapport également comparatif et motivé des articles du compte de 1818, avec les articles de leur budget de 1821 (2).

---

(1) M. le marquis de Latour-Maubourg a donné l'exemple de ce rapport comparatif et motivé. (Voyez le volume publié par le Gouvernement, sous le titre de Propositions de lois sur la fixation des budgets de dépenses et de recettes de l'exercice de 1820, page 187.)

(2) Le mode employé pour le développement, article par article, du compte de chaque Ministre, pourroit être accompagné d'un réglement administratif qui simplifieroit les travaux des différents ministères, et dont les principales dispositions pourroient être conformes a celles qui suivent:

Toutes les vérifications des dépenses de solde et de matériel, soit en consommation, soit en approvisionnement et magasin, des ministères de la guerre et de la marine seront faites sur les lieux par les intendants militaires, et seront visées ensuite par les inspecteurs-généraux et commandants militaires et maritimes. — Les états de revues, certifiés par les uns et par les autres, seront envoyés tous les mois à un comité de la guerre et de la

Les comptes des Ministres, présentés aux Chambres à l'ouverture de chaque session, dans la forme qui vient d'être énoncée, leur offriront les éclaircissements suffisants et en même temps indispensables pour les mettre en mesure de délibérer en connoissance de cause sur les différentes demandes de chaque Ministère, et leur allouer pour 1821 le crédit qui doit être décrété.

Ce ne sont là que des comptes de gestion qui peuvent contenir des dépenses décrétées, mais non faites encore ou non payées.

La comptabilité complète ne peut résulter que du compte d'exercice. — Il n'est pas de Ministre qui ne doive pouvoir le présenter à l'ouverture de la session suivante celle à laquelle

---

marine, qui en fera chaque mois le relevé, qui sera discuté par le Ministre et les membres de ces comités. — Toutes les vérifications des dépenses des ponts-et-chaussées se feront tous les mois par les inspecteurs-généraux et les préfets. — Ces états seront adressés tous les mois au comité des ponts-et-chaussées.

Ces dispositions, en simplifiant les divers rouages de l'administration, paroîtroient pouvoir fournir l'occasion et les moyens de diminuer considérablement le nombre des employés à les faire mouvoir.

il aura rendu celui de gestion. — De grands exemples nous en offrent la preuve positive. — La nécessité de la publicité de ces comptes de gestion et d'exercice sera la plus sûre et la plus constante garantie aux yeux de la nation.

Le trésor devant être considéré sous des rapports plus vastes sans doute, mais les mêmes en principes que la caisse d'un grand banquier, sa comptabilité doit et ne peut s'établir que sur les écritures constatées chaque jour de ses recettes et de ses dépenses, dans des livres à partie double qui doivent coïncider avec ceux aussi à partie double des recettes et des envois au trésor, soit en numéraire, soit en valeurs fictives des receveurs-généraux, de manière que les uns et les autres puissent être vérifiés, et offrir chaque jour la balance de l'actif et du passif avec la même exactitude et la même régularité que celle de toutes les grandes caisses.

La Banque pourra, comme en Angleterre, devenir le payeur-général de toutes les dépenses qu'elle acquittera, comme elle acquitte les intérêts de la dette publique. — Elle n'aura besoin que de quelques livres à partie double de plus, et de l'emploi de quelques nouveaux commis. — Elle s'empressera certainement de borner elle-même aux frais indispensables sa commission, tant sur le paiement des intérêts de la dette publique, que sur ses nouvelles attributions.

La Banque ne sera point comptable, mais le relevé motivé de ses paiements, qui sera imprimé chaque année, servira de contrôle à toutes les dépenses administratives.

Le Trésor continuera d'être le centre de toutes les recettes, de toutes les contributions directes et indirectes, et de tous les revenus quelconques.

Le rôle de la contribution directe pourra être divisé en deux. — Rôle du principal. — Rôle du variable. — Celui-ci sera composé de la somme totale des centimes additionnels, laquelle sera répartie comme le rôle principal.

Le rôle principal sera déclaré permanent, et chaque année, à l'ouverture de la session, les Chambres voteront le décret de sa permanence, sans lequel la perception n'en pourroit avoir lieu, conformément à l'article 49 de la Charte (1).

____

(1) Art. 49. L'impôt foncier n'est consenti que pour un an. Les impositions indirectes peuvent l'être pour plusieurs années.

Ce principal, qui s'élève à 228 millions, ne peut, quelles que soient les circonstances ultérieures, être jamais réduit. — Il ne peut donc y avoir aucun inconvénient de le rendre permanent, en vertu du vote annuel et constitutionnel des Chambres.

Le principal de la contribution directe et des centimes additionnels ne formant actuellement qu'un rôle, si cette proposition étoit adoptée, elle n'entraîneroit d'autre travail que la séparation de la somme totale des centimes additionnels, qui seroit répartie comme le principal, et formeroit le rôle variable. Le rôle du principal seroit maintenu pour 1821, tel qu'il a été décrété pour 1820, et successivement d'année en année. — Cette opération rendroit inutile la délibération sur les douzièmes provisoires, et sur le changement de l'année financière.

Le dégrévement projeté pour compléter l'égalisation des départements s'opérera sur le rôle variable.

Le principe qui a été suivi pour l'égalisation des départements le sera pour celle des arrondissements et des cantons. — Chaque commune renouvellera sa matrice. — Ce travail, dans les départements, se commencera immédiatement.

Les employés du cadastre pourront conti-
nuer l'arpentage parcellaire.

Le directeur des contributions directes, dans
chaque département, tiendroit le registre exact
des mutations de propriétés.

La somme totale de la contribution directe
étant portée dans le budget de 1820 à 311 millions, en supposant que 11 millions suffisent
pour compléter l'égalisation des départements
entre eux, elle demeureroit réduite à 300 millions.

En vertu de l'égalisation des départements
et de celle des arrondissements et cantons dans
chacun d'eux, qui s'opéreroit par le même
principe, chaque département sauroit, d'une
manière fixe, la portion qui lui seroit assignée
sur la somme totale de 300 millions ; chaque
arrondissement, chaque canton, chaque commune, sauroit également celle qui lui seroit at-
tribuée sur la portion de chaque département.
Tous sauroient que si, par des circonstances
urgentes et imprévues, et par des besoins de-
venus extrêmes, une augmentation de la somme
totale de 300 millions de la contribution directe
étoit absolument indispensable, elle auroit
lieu dans la même proportion, il en résulteroit
pour tous et chacun des contribuables l'assu-

rance d'une sorte de fixité réelle, la seule qui puisse raisonnablement se déterminer. — Il est évident, par la comparaison des richesses et des impositions territoriales en 1789 avec celles actuelles, qu'une contribution de 300 millions est bien loin de pouvoir être regardée comme disproportionnée (1) ; que son excès apparent ne

---

(1) Selon les derniers mémoires de M. Neker, la contribution directe étoit, en 1789, de 180 millions ; mais les contribuables payoient alors la dîme, évaluée environ 100 millions ; les rentes seigneuriales et les droits féodaux qui étoient appréciés à-peu-près à la même somme, et les droits de lots et ventes qui s'estimoient au moins à 20 millions ; ainsi en ajoutant ces trois sommes qui composent celle de 220 millions aux cent quatre-vingts imposés directement, il en résulte que le poids de l'impôt territorial étoit, en 1789, de près de 400 millions ; il s'élève aujourd'hui à 311 millions net, auxquels il en faut ajouter 24 pour les centimes facultatifs et les non-valeurs. Total, 335 millions. Il en résulte donc que l'impôt territorial est de 65 millions moindre que celui de 1789. — J'ajouterai qu'en ayant égard à la proportion comparative des valeurs, il est encore bien moins onéreux, puisqu'il se dissémine sur une masse évidemment beaucoup plus considérable. En effet, en ne présentant ici qu'un précis très succinct de l'accroissement nécessaire du revenu territorial, il résulte : 1° Que la

consiste que dans l'inégalité de la répartition ;
que par l'effet des améliorations successives et
journalières de l'agriculture il tend à s'atténuer

---

destruction des gabelles qui, quoique remplacées en partie par des droits sur les sels perçus uniformément et pro-
portionnellement aux marais salants mêmes, a laissé
une marge immense d'améliorations qui a tourné au
profit des contribuables; 2° que la cessation des jachè-
res, qui a procuré une troisième récolte dans trois ans,
moins importante il est vrai que les deux premières, a
remplacé, par une masse de productions non existantes,
la stérilité; 3° que la conquête immense et non calcu-
lée, jusqu'à ce jour, par l'introduction et la propagation
des mérinos, a produit le même effet; 4° que l'établissement de la culture du sucre, sans être portée au der-
nier degré de perfectionnement, donne déja des produits
considérables, et en assure de beaucoup plus forts à l'a-
venir; 5° que la multiplication des prairies artificielles a
déterminé une grande masse de valeurs nouvelles, et
une amélioration dans le nombre des troupeaux, qui,
en procurant un accroissement important d'engrais, a
augmenté la fertilité du sol et l'abondance des récoltes;
6° que l'admission des méthodes précieuses de culture,
et la confection plus avantageuse d'instruments aratoires
ont produit une nouvelle source d'amélioration encore
incalculée; 7° qu'une grande étendue de terrain, qui
étoit abandonné à la stérilité ou au luxe des promena-
des, a été mis en culture; 8° que la division des grandes

graduellement; et que cette tendance seroit accé-
lérée par les conséquences prospères de la fixité.
— Un autre moyen d'atténuation pourroit résulter de l'adoption d'un bon système, sur les
communications intérieures par terre et par
eau. — Il paroîtroit desirable que la confection
et l'entretien des grandes routes, des routes
départementales, des chemins vicinaux, des
grands et petits ponts, des grands et petits canaux, fussent réunis sous une même direction
générale. — Le directeur-général, après avoir
présenté aux Chambres, à chaque session, le
budget, article par article, des dépenses pour
l'année suivante, dont il rendroit également
compte, article par article, seroit chargé et

propriétés a excité de toute part une quantité considérable de défrichement de terres incultes, et une immense
amélioration des terres cultivées qui doit dissiper les
fausses inquiétudes inspirées par ceux qui paroissent en
craindre des effets imaginaires, et ne trouvent le reméde
de cette division, si funeste selon eux, des propriétés
que dans leur concentration. — Il suit évidemment de
ce grand et incontestable développement, que notre
prospérité territoriale s'est accrue dans une proportion
dont nous ne connoissons pas encore nous-mêmes toute
l'étendue.

responsable de l'application des fonds décrétés, et il coordonneroit sans cesse les travaux à un plan éclairé des communications dont l'exécution, opérée de concert avec les préfets et les conseils-généraux des départements, détermineroit plus de perfection, plus de célérité et d'économie dans les ouvrages.

Cette proposition est fortement appuyée par le lumineux rapport au Roi que vient de publier M. le directeur-général des ponts-et-chaussées, qui contient le développement du système de la navigation intérieure, et l'état de tous les ouvrages commencés à achever, et à entreprendre, dont les résultats présentent une si immense utilité sous tous les rapports administratifs.

L'évaluation totale de tous les grands travaux de la navigation intérieure qui vient d'être faite par les hommes les plus habiles et les plus experts, s'élève à environ 240 millions. — En supposant que le concours des capitalistes se borne à un tiers ou 80 millions, il resteroit à fournir par le Gouvernement 160 millions; et s'il lui devenoit possible d'ajouter pendant dix ans 16 millions par an au budget des ponts-et-chaussées, il parviendroit, dans cet intervalle, à l'accomplissement total de ce grand plan,

Quel accroissement de valeurs agricoles, industrielles et commerciales n'en résulteroit-il pas! — Quel développement de prospérité n'ajouteroit pas à la confection successive de tous ces grands travaux , le perfectionnement des bateaux à vapeur, qui est sur le point de se cimenter parmi nous!

Parmi les canaux proposés dans ce grand plan, il en est un dont les frais monteroient à 28 millions, et pourroient se partager entre le Gouvernement et les compagnies de capitalistes. — Celui de l'Ourcq en seroit le principe, et il se prolongeroit jusqu'à Dieppe, en donnant tous les avantages d'un port de mer à la grande capitale, vers laquelle pourroit être dirigée une grande portion de tous ceux proposés dans d'autres points.

Il est certain que, soit par les effets de ce grand système de communications intérieures', soit par ceux de la détermination de la fixité du principal de la contribution directe, telle qu'elle vient d'être proposée, et par les améliorations journalières de toutes les cultures, la somme de ces 3oo millions, sans que la quotité varie , se réduiroit sans cesse réellement pour chaque contribuable, en se partageant sur une masse immense de valeurs nouvelles

2

Il ne l'est pas moins que, tandis que la masse de l'imposition directe se trouveroit ainsi chaque jour réellement diminuée, celle des impositions indirectes, sans rien changer à la quotité des droits, se trouveroit nécessairement augmentée par la multiplication des consommateurs, dont l'accroissement des richesses territoriales assureroit la subsistance.

Conformément aux principes que nous venons d'établir sur la contribution directe, et dont le développement offre à nos yeux une preuve évidente que cette contribution, après qu'elle auroit été également répartie, ne pourroit pas être regardée comme disproportionnée, et qu'elle s'atténueroit d'elle-même chaque année, et de jour en jour davantage, aucun changement à sa quotité ne devroit avoir lieu qu'après que l'accroissement du produit des impositions indirectes auroit permis d'augmenter le budget des ponts-et-chaussées de 16 millions par an, destinés exclusivement aux grands travaux de la navigation, et qu'après que les impositions vraiment nuisibles en elles-mêmes, et plus onéreuses dans leur perception et répartition, auroient été ou supprimées ou notablement modifiées.

Ainsi les premiers et les successifs accroisse-

ments du produit des droits actuels d'enregistrement, et de la loi actuelle sur les boissons, de-
vront être préalablement employés, 1° à effacer
les vicieuses défectuosités de la loi d'enregistrement; 2° à augmenter de 16 millions le budget
des ponts-et-chaussées; 3° à mettre un terme au
monopole du tabac; 4° à diminuer considérablement le prix du sel; 5° à supprimer ou considérablement diminuer les droits d'octroi.

L'impôt le plus important, après celui de la
contribution directe, résulte de la loi qui
détermine les droits d'enregistrement et de
timbre.

Cet impôt, qui attache un sceau conserva-
teur à toutes les transactions, se lie avec le
maintien de l'ordre social, mais il doit être
contenu dans des bornes qui, sans nuire à son
extension utile, ne permettent pas qu'il de-
vienne jamais oppressif. — La loi qui nous
régit à cet égard nécessite d'importantes modi-
fications et améliorations réclamées également
par l'intérêt des contribuables et celui du Gouvernement. L'expérience a démontré et dé-
montre tous les jours que les vices essentiels
qu'elle renferme, et dont l'introduction a eu
pour objet l'accroissement de son produit,
semblent bien plutôt avoir pour résultat son

altération ; leur correction ne sauroit s'opérer
sans des sacrifices momentanés , mais dont elle
entraînera nécessairement l'ample compensation. — Dans l'état actuel des choses, la stag-
nation de toutes les opérations commerciales
s'oppose à la circulation des propriétés et à la
multiplication des transactions, néanmoins
son produit net s'élève à 147 millions. — Ce
n'est certainement pas se faire illusion que de
se flatter que dès que le commerce reprendra
son activité et ses différents canaux, leur cours
habituel, ce produit, déja si considérable, ne
s'accroîtra rapidement, et offrira promptement
au Gouvernement les moyens du perfectionnement indispensable de la loi.

En évaluant, par un calcul qui n'est certainement pas exagéré, les augmentations à un
dixième, elles porteroient le produit de 147 millions à 160, et elles excéderoient, dès la pre-
mière année, la somme des sacrifices nécessaires. — Le Gouvernement, en maintenant avec
sagesse l'imposition dans une mesure conve-
nable, après avoir obtenu cette importante
compensation, se ménageroit, sans rien changer à la quotité des droits, des ressources ultérieures, dont le produit s'accroîtroit chaque
jour par la multiplication des transactions, qui

seroit elle-même successivement déterminée par le développement de toutes les améliorations agricoles, industrielles, et commerciales.

Le système de l'exercice établi par la loi sur les boissons a excité dans tous les temps les plus fortes réclamations sur ses vexations presque nécessaires ; elles ont été successivement atténuées à chaque session par les dispositions de la loi annuelle, et elles continueront sans doute à l'être de plus en plus ; mais comme elles tiennent essentiellement à la nature de cette perception, elles n'ont pu et ne pourront jamais être entièrement détruites. On a proposé d'y substituer différents modes qui pourroient être plus favorables aux propriétaires ainsi qu'aux consommateurs, et ne l'être pas moins à la quotité des produits à verser dans le trésor public.

Ces différents projets méritent d'être sérieusement pesés ; mais, soit que l'un d'eux soit adopté, soit que le mode actuel se prolonge, il est bien constant qu'il importe de maintenir une contribution dont la recette est aussi considérable, et dont le poids peut s'atténuer sans cesse ; il ne l'est pas moins que son produit ne peut qu'augmenter chaque année : et si l'on veut en acquérir la conviction, il suffit de retourner ses regards sur le système administratif qui a précédé la révolution , et qui étoit aussi entravé que le régime actuel est libre. On verra que dans un temps où la perception des impôts indirects formoit l'apanage d'une ferme générale, fondée sur tous les abus du monopole, le bail, renouvelé tous les six ans, offroit un accroissement considérable. Comment un ordre de choses tout opposé n'en détermineroit-il pas un bien plus important? J'ajouterai, en faveur de la conservation de cet impôt, une observation qui résulte de la situation topographique de la France ; la multitude d'étrangers qui la traversent sans cesse dans tous les sens, et qui s'y arrêtent momentanément plus ou moins, payent nécessairement une portion considérable du produit de la contribution , au profit et à la décharge des régnicoles, et c'est sans doute un motif de plus de la laisser subsister.

La loi des tabacs établit sur la culture et la fabrication le monopole du Gouvernement dont on estime que la cessation diminueroit de 20 millions le produit ; ce sacrifice seroit sans doute ultérieurement bien compensé par les résultats de la liberté. — Non seulement elle procureroit à la masse des contribuables un allégement de 20 millions et de la somme des frais de régie, dont le poids, ajouté à celui de l'impôt en lui-même, forme une double contribution réelle, mais elle multiplieroit une production importante, dont la vente, à bas prix, rendroit l'Europe entière notre tributaire sur cette branche de commerce. — Quelque salutaire que fût cette opération, elle ne peut avoir lieu que lorsque l'accroissement du produit des droits d'enregistrement et de ceux sur les boissons en offrira des moyens.

Les droits sur les sels, perçus aux marais salants de la manière la moins dispendieuse, participeront, dans leur produit, à l'accroissement des autres impositions ; la diminution de leur quotité ne leur enlèveroit pas même cet avantage, tant le bas prix d'une denrée si précieuse auroit d'influence sur son exportation et sur tout l'enchaînement du système de reproduction agricole.

Les droits de douane, quelque productifs qu'ils soient pour le trésor, doivent n'être essentiellement considérés que comme des garanties de l'industrie nationale. — La loi qui les détermine est fondée sur un système dont l'expérience paroît avoir confirmé l'utilité, et qui, à quelques variations près que les circonstances peuvent rendre nécessaires, doit se maintenir tant que l'état d'hostilité commerciale entre les différentes puissances se prolongera. — L'accroissement du produit de ces droits n'est pas desirable, puisque leur diminution annonceroit celle de l'importation. — L'ensemble des dispositions de la loi des douanes ne paroît pas devoir être soumis chaque année à la délibération des Chambres ; il en résulteroit une nuisible instabilité dans les spéculations commerciales. Les changements jugés utiles pour le moment ne paroissent devoir être rédigés en propositions de lois qu'après qu'ils auront été discutés dans le conseil-général de commerce, nouvellement et si sagement établi, et qui lui-même s'éclairera par les avis des différentes Chambres avec lesquelles il est en rapport habituel. — L'exécution des changements à la loi, jugés utiles, aura toujours un terme qui ne pourra pas influer sur les opérations commerciales antécédentes.

La combinaison de toutes les améliorations, dont la possibilité vient d'être développée, paroît pouvoir compléter le perfectionnement du système général des finances déja établi sur les bases si solides de la publicité de tous les comptes, de la scrupuleuse exactitude de tous les paiements, et de l'indépendance invariable

des graduelles opérations de la caisse d'amortissement. — La fixité de la contribution directe
déterminera un accroissement successif de tous
les produits territoriaux, et diminuera ainsi
chaque jour, pour chaque contribuable, le
poids de l'impôt qui sera sans cesse atténué en
même temps par la facilité des communications, dont le résultat, par l'effet d'une libre
circulation, produira une augmentation réelle
dans les valeurs et une constance habituelle
dans les prix. La liberté imperturbable provo-
quera la perfection de tous les objets manufac-
turés. — La baisse des salaires, dont la conséquence nécessaire est la préférence des ventes
sur les marchés étrangers, résultera de la libre
concurrence entre les agents secondaires de
l'industrie et du commerce; leur nombre éprou-
vera un accroissement continuel par l'effet de
celui des produits agricoles qui assureront leur
subsistance. — L'abondance ne cessera jamais
d'être un bienfait de la nature, et se convertira
continuellement en richesses, qui la reprodui-
ront et l'augmenteront encore.

C'est ainsi que, sans augmenter la quotité
d'aucun impôt ni d'aucun droit qui s'atténue-
ront d'eux-mêmes chaque jour par l'effet
d'une constante prospérité, le Gouvernement

trouvera les moyens de supprimer les contributions les plus onéreuses, et de leur en substituer d'une moins dispendieuse perception, ainsi
que de fournir au paiement de nouvelles dépenses, si elles devenoient nécessaires, et a l'as-
surance de nouveaux gages à de nouveaux emprunts, si les circonstances les rendoient indispensables.

C'est un grand spectacle que la France pré-
senteroit, par l'établissement d'un tel ordre,
dans toutes les parties de ses finances, et d'une
telle lucidité dans tous leurs détails.

Celui qu'elle offre de l'étendue de ses ressources n'est pas moins important.

Après avoir résisté à tous les vices du régime
administratif qui a précédé la révolution. —
Après tous les bouleversements des fortunes
particulières et de la fortune publique qui ont
eu lieu pendant le règne de l'anarchie. — Après
toutes les dévastations d'un despotisme dévora-
teur. — Après avoir vu en quelques années s'in-
troduire dans la circulation, et en disparoître
4o milliards de papier monnoyé. — Après
avoir fourni plus de 4 milliards au trésor public depuis la restauration, elle présente en 1820
au Gouvernement la possibilité d'un impôt de
86o millions, et offre en même temps l'aspect

d'une agriculture florissante qui s'améliore chaque jour, et d'une industrie qui chaque jour produit dans tous les genres de nouveaux prodiges.

C'est évidemment au système organique de sa représentative constitution qui assure sur des bases inébranlables le maintien de tous les genres de propriété, et au système imperturbable de liberté générale, d'agriculture, d'industrie, et de commerce de sa constitution administrative, qu'elle doit les fondements assurés d'une prospérité que pourront accroître sans cesse de nouvelles sources d'abondance et de richesses.

Mais ces grands résultats, en nous procurant pour 1820 la possibilité d'un impôt de 860 millions, nous ont amenés au point de ne pouvoir augmenter la somme de nos contributions ni celle de nos emprunts, car tout emprunt doit déterminer la nécessité d'impôts dont nous sommes dans l'impuissance d'accroître la masse ; cependant nous pouvons avoir besoin de dépenser davantage ; nos ressources ultérieures ne peuvent donc résulter que d'une grande et vaste économie qui s'étende sur tous les principes et sur toutes les opérations de toutes les parties de l'administration générale.

Les dispositions que nous venons de développer présentent la série des moyens qui nous paroissent les plus propres à la déterminer et l'accélérer. — Nous nous bornerons à offrir l'évidence de cette économie générale qui pourroit résulter de leur emploi, mais sans entreprendre dans ce moment d'en préciser la quotité.